1分钟儿童小百科

跑车小百科

叁川上 编著

江苏凤凰科学技术出版社 · 南京

图书在版编目（CIP）数据

跑车小百科 / 叁川上编著 . — 南京 : 江苏凤凰科学技术出版社, 2024.7
（1 分钟儿童小百科）
ISBN 978-7-5713-4047-6

Ⅰ . ①跑… Ⅱ . ①叁… Ⅲ . ①跑车—儿童读物 Ⅳ . ①U469.11-49

中国国家版本馆 CIP 数据核字 (2024) 第 027090 号

1分钟儿童小百科
跑车小百科

编　　著　叁川上
责任编辑　陈　艺
责任校对　仲　敏
责任监制　方　晨

出版发行　江苏凤凰科学技术出版社
出版社地址　南京市湖南路 1 号 A 楼，邮编：210009
出版社网址　http://www.pspress.cn
印　　刷　北京博海升彩色印刷有限公司

开　　本　710 mm × 1 000 mm　1/24
印　　张　5.67
插　　页　4
字　　数　87 000
版　　次　2024年7月第1版
印　　次　2024年7月第1次印刷

标准书号　ISBN 978-7-5713-4047-6
定　　价　39.80元（精）

扫一扫 听一听

前言

现代意义上的汽车已经诞生了 100 多年，不仅为人们的生活带来了极大的便利，还不断激发着人们的创造力，使人们对速度的追求也越来越高。而跑车的诞生正是人们追求极限速度的体现，将科技与艺术结合，一辆辆动力强劲、车身线条流畅、操控性能优良的跑车不断刷新着跑车最快速度的纪录，使人们体会到速度带来的激情。

本书从品牌历史、车型特点、综合性能等方面对 50 多种跑车进行了较为详细的讲解，并且配以大量实物图片，使孩子更加直观、全面地了解各种跑车。现在，让我们一起“乘坐”各式跑车，感受速度之美吧！

目录

一起来认识跑车 ······ 1

十大超级跑车

布加迪 ······ 4
布加迪威航 ······ 6
科尼赛克 ······ 8
科尼赛克Agera R ······ 10
迈凯伦 ······ 12
迈凯伦P1 ······ 14
迈凯伦MP4-12C ······ 16
兰博基尼 ······ 18
兰博基尼Aventador LP700-4 ······ 20
兰博基尼Veneno ······ 22
兰博基尼Gallardo ······ 24
ZENVO ······ 26
ZENVO ST1 ······ 28
法拉利 ······ 30
法拉利La Ferrari ······ 32
法拉利F12 Berlinetta ······ 34
法拉利458 Italia ······ 36
帕加尼 ······ 38
帕加尼Huayra ······ 40
阿斯顿·马丁 ······ 42
阿斯顿·马丁One-77 ······ 44
阿斯顿·马丁Vanquish ······ 46
阿斯顿·马丁Rapide S ······ 48
贡佩尔特 ······ 50
贡佩尔特阿波罗 ······ 52
世爵 ······ 54
世爵C8 Aileron ······ 56

其他经典跑车

保时捷918 Spyder …… 60
保时捷911 …… 62
保时捷Boxster …… 64
SRT Viper …… 66
雷克萨斯LFA …… 68
雷克萨斯IS-F …… 70
奔驰SLS AMG …… 72
奔驰C63 AMG …… 74
奔驰A45 AMG …… 76
奥迪R8 …… 78
奥迪RS6 Avant …… 80
奥迪TT …… 82
日产GT-R …… 84
日产370Z …… 86
雪佛兰科尔维特C7 Stingray …… 88
宝马M3 …… 90
宝马M6 …… 92
宝马Z4 …… 94
福特野马 …… 96
路特斯Evora …… 98
路特斯Elise …… 100
阿尔法·罗密欧4C …… 102
捷豹XKR …… 104
捷豹F-Type …… 106
玛莎拉蒂Quattroporte …… 108
玛莎拉蒂 GranTurismo …… 110
宾利Continental GT …… 112
卡帕罗T1 …… 114
阿里尔 Atom …… 116
卡特汉姆Seven …… 118
标致RCZ …… 120
特斯拉Roadster …… 122
丰田86 …… 124
菲亚特500 Abarth …… 126
马自达MX-5 …… 128

互动小课堂 …… 130

一起来认识跑车

扫一扫 听一听

àn zhào shè jì hé xìng néng pǎo chē kě yǐ fēn wéi zhè jǐ zhǒng
按照设计和性能，跑车可以分为这几种

lèi xíng jí sù kě dá qiān mǐ shí de chāo jí pǎo chē jiān
类型：极速可达 400 千米/时的超级跑车，兼

jù jià shǐ lè qù hé yùn dòng xìng néng de yī bān pǎo chē zhù zhòng háo
具驾驶乐趣和运动性能的一般跑车，注重豪

huá gǎn hé shū shì xìng de chǎng péng pǎo chē shì hé cháng tú lǚ háng de
华感和舒适性的敞篷跑车，适合长途旅行的

lǚ xíng pǎo chē yǐ jí huán bǎo jié néng de diàn dòng pǎo chē děng xià
旅行跑车，以及环保节能的电动跑车等。下

miàn ràng wǒ mén lái rèn shí yí xià zhè xiē pǎo chē ba
面，让我们来认识一下这些跑车吧。

阅读小贴士

匹：又称“马力”，指单位时间内汽车发动机的做功能力，也是衡量一辆汽车性能好坏的重要参数。一匹约等于 735 瓦。

0～100 千米/时加速：汽车从静止状态启动，速度升至 100 千米/时需要的时间，时间越短，代表汽车动力系统越强。

极速：汽车最快的速度。

shí dà chāo jí pǎo chē
十大超级跑车

扫一扫 听一听

chāo jí pǎo chē chú le yōng yǒu qiáng jìn de fā dòng jī yǔ yōu yì
超级跑车除了拥有强劲的发动机与优异
de cāo kòng xìng néng hái jù yǒu nèi wài guān shè jì dú tè shòu jià
的操控性能，还具有内外观设计独特、售价
áng guì hé xiàn liàng shēng chǎn děng tè diǎn běn zhāng jīng xuǎn le shí zhǒng
昂贵和限量生产等特点。本章精选了十种
jí jù dài biǎo xìng de chāo jí pǎo chē pǐn pái jiè shào le zhè xiē pǐn
极具代表性的超级跑车品牌，介绍了这些品
pái zhōng jīng diǎn de pǎo chē chē xíng bāo kuò kē ní
牌中经典的跑车车型，包括 ZENVO ST1、科尼
sài kè děng gōng lǜ chāo guò pǐ de jí sù měng shòu
赛克 Agera 等功率超过 1 000 匹的极速“猛兽”，
yǐ jí jiān gù jié néng yǔ huán bǎo xū qiú de xīn xíng chāo jí pǎo chē hái
以及兼顾节能与环保需求的新型超级跑车，还
yǒu dú jù fēng cǎi de xiàn liàng bǎn chāo jí pǎo chē
有独具风采的限量版超级跑车！

bù jiā dí
布加迪

bù jiā dí tuǒ yuán xíng biāo zhì shàng de yīng wén shì chuàng shǐ rén
布加迪椭圆形标志上的英文是创始人
de xìng shì shàng fāng fǎn xiě de zì mǔ hé zé shì tā míng zi
的姓氏，上方反写的字母E和B则是他名字
de suō xiě biāo zhì zhōng de hóng sè dài biǎo rè qíng yǔ dòng lì hēi
的缩写。标志中的红色代表热情与动力，黑
sè xiàng zhēng yǒng qì bái sè zé zhāng xiǎn qì chē gāo yǎ de qì zhì
色象征勇气，白色则彰显汽车高雅的气质。
bù jiā dí zào chē jì shù jí jiā shēng chǎn de chē kuǎn hěn duō dōu shì
布加迪造车技术极佳，生产的车款很多都是
sài chē bǐ sài zhōng de cháng shèng jūn bù jiā dí zì cóng chéng
赛车比赛中的“常胜军”。布加迪自从成
wéi dé guó dà zhòng qì chē gōng sī qí xià de pǐn pái hòu qí tuī chū
为德国大众汽车公司旗下的品牌后，其推出
de chē kuǎn wēi háng jiù bèi gōng rèn wéi shì jiè shàng sù dù zuì kuài
的车款——威航就被公认为世界上速度最快
de chāo jí pǎo chē zhī yī
的超级跑车之一。

bù jiā dí wēi háng
布加迪威航

国别	法国	最大功率	1 200 匹
0~100 千米/时加速	2.5 秒	极速	434 千米/时

bù jiā dí wēi háng bèi rèn wéi shì quán shì jiè zuì guì de chāo jí
布加迪威航被认为是全世界最贵的超级
pǎo chē zhī yī gèng shì céng bèi jí ní sī shì jiè jì lù rèn zhèng
跑车之一，更是曾被吉尼斯世界纪录认证
wéi pǎo de zuì kuài de chāo jí pǎo chē zhī wáng tā de fā dòng
为跑得最快的“超级跑车之王”。它的发动
jī yǒu gè wō lún xì tǒng zuì dà gōng lǜ néng dá dào
机有 4 个涡轮系统，最大功率能达到 1 200
pǐ céng chuàng xià jiē jìn qiān mǐ shí de jí sù biǎo xiàn yīn
匹，曾创下接近 434 千米/时的极速表现！因
wèi chē sù shí zài shì tài kuài le suǒ yǐ qí shè jì tuán duì zhuān mén wèi tā
为车速实在是太快了，所以其设计团队专门为它
shè jì le chāo pǎo lún tāi yǐ cǐ lái què bǎo gāo sù xíng shǐ zhōng de ān
设计了超跑轮胎，以此来确保高速行驶中的安
quán xìng
全性！

BUGATTI

Koenigsegg

kē ní sài kè
科尼赛克

kē ní sài kè de dùn xíng biāo zhì shì gēn jù chuàng shǐ rén jiā zú
科尼赛克的盾形标志是根据创始人家族
de huī zhāng xiū gǎi ér lái de chuàng shǐ rén xiǎng yào dǎ zào jiān jù sù
的徽章修改而来的。创始人想要打造兼具速
dù yǔ háo huá gǎn de shì jiè jí chāo jí pǎo chē zài jīng guò cháng jiǔ
度与豪华感的世界级超级跑车，在经过长久
de shè jì yǔ kāi fā hòu zhōng yú zài nián zhì zào chū dì yī
的设计与开发后，终于在 2002 年制造出第一
liàng chāo jí pǎo chē zhè liàng chāo jí pǎo chē de wài xíng shì chuàng shǐ rén
辆超级跑车。这辆超级跑车的外形是创始人
qīn zì shè jì de zhī hòu duō wèi ruì diǎn dǐng jiān de gōng chéng shī yě
亲自设计的，之后多位瑞典顶尖的工程师也
cān yù dǎ zào jí ní sī shì jiè jì lù céng zài nián rèn zhèng
参与打造。吉尼斯世界纪录曾在 2005 年认证
kē ní sài kè shì dāng shí shì jiè shàng shì shòu chē zhōng sù dù zuì
科尼赛克 CCR 是当时世界上市售车中速度最
kuài de yí liàng
快的一辆。

Koenigsegg

kē ní sài kè
科尼赛克 Agera R

国别	瑞典	最大功率	1 099 匹
0~100 千米/时加速	2.9 秒	极速	443 千米/时

kē ní sài kè bìng méi yǒu yōu jiǔ de lì shǐ dàn qí gōng sī yǐ
科尼赛克并没有悠久的历史，但其公司以
zhì zào chū quán shì jiè zuì kuài de qì chē wéi zhǔ yào zōng zhǐ yīn cǐ bú
制造出全世界最快的汽车为主要宗旨，因此不
duàn de tuī chū xìng néng jīng rén de chāo jí pǎo chē kē ní sài kè de
断地推出性能惊人的超级跑车。科尼赛克的
chē kuǎn suī rán zài dòng lì shàng méi yǒu chāo pǎo zhī wáng
Agera R 车款，虽然在动力上没有“超跑之王”
bù jiā dí wēi háng qiáng jìng dàn tā de chē nèi dà miàn jī shǐ yòng le tàn xiān
布加迪威航强劲，但它的车内大面积使用了碳纤
wéi cái liào mù dì shì shǐ chē shēn qīng liàng huà chē zhòng jǐn yǒu
维材料，目的是使车身轻量化，车重仅有 1 330
qiān kè bǐ wēi háng qīng hěn duō zài nián chē kuǎn
千克，比威航轻很多。在 2011 年，Agera R 车款
chuàng xià le shì shòu chē zhōng liù xiàng lù dì zuì kuài de shì jiè jì lù
创下了市售车中六项陆地最快的世界纪录。

mài kǎi lún
迈凯伦

McLaren

yīng guó mài kǎi lún chē chǎng yōng yǒu fēng fù de sài chē jīng yàn
英国迈凯伦车厂拥有丰富的赛车经验，
qí xià gèng shì yōng yǒu yì zhī fēi cháng chéng gōng de shì jiè yī jí fāng
旗下更是拥有一支非常成功的世界一级方
chéng shì sài chē chē duì mài kǎi lún chē chǎng jì nián tuī chū
程式赛车车队。迈凯伦车厂继 1992 年推出
chēng bà quán qiú xìng néng wú rén néng jí de mài kǎi lún chāo jí
称霸全球、性能无人能及的迈凯伦 F1 超级
pǎo chē zhī hòu zài nián zài dù yìng yòng dà liàng de sài chē jì
跑车之后，在 2011 年再度应用大量的赛车技
shù tuī chū quán xīn de mài kǎi lún chāo jí pǎo chē
术，推出全新的迈凯伦 MP4-12C 超级跑车，
ràng chē mí zhōng yú néng gòu jià shǐ dào yí liàng róng hé le sài chē jì shù
让车迷终于能够驾驶到一辆融合了赛车技术
de gāo xìng néng chāo jí pǎo chē yán xù zhe mài kǎi lún de chuán qí
的高性能超级跑车，延续着迈凯伦的传奇。

mài kǎi lún
迈凯伦 P1

国别	英国	最大功率	916 匹
0~100 千米/时加速	2.8 秒	极速	350 千米/时

mài kǎi lún qí jiàn chāo jí pǎo chē ān zhuāng le shuāng wō lún
迈凯伦 P1 旗舰超级跑车安装了双涡轮
zēng yā fā dòng jī néng hé diàn chí zǔ jí diàn jī xì tǒng yì qǐ yùn
增压发动机，能和电池组及电机系统一起运
zuò bào fā chū jí dà de gōng lǜ bú dào miǎo jiù néng cóng jìng zhǐ
作，爆发出极大的功率，不到 3 秒就能从静止
zhuàng tài jiā sù dào qiān mǐ shí suī rán mài kǎi lún bú shì
状态加速到 100 千米/时。虽然迈凯伦 P1 不是
chē sù zuì kuài de chāo jí pǎo chē dàn tā néng ràng jià shǐ yuán zài sài dào
车速最快的超级跑车，但它能让驾驶员在赛道
shàng gǎn shòu dào jí gāo de chéng jiù gǎn mài kǎi lún de dòng lì xì
上感受到极高的成就感。迈凯伦 P1 的动力系
tǒng hái néng ràng tā yǐ kào chún diàn lì xíng shǐ chāo guò qiān mǐ shí
统还能让它依靠纯电力行驶超过 10 千米，时
sù gèng shì chāo guò qiān mǐ
速更是超过 160 千米。

LCOME
S VEGA

迈凯伦 MP4-12C

国 别	英国	最大功率	626 匹
0~100 千米 / 时加速	3.3 秒	极 速	330 千米/时

迈凯伦车厂独立经营后生产的第一款跑车——迈凯伦 MP4-12C，车体超级轻量化，搭配双涡轮动力发动机与大量世界一级方程式赛车的技术，展现出让人惊叹的性能。电子悬吊系统让 MP4-12C 在赛道上的转向快如闪电，在平路上的驾驶则稳如泰山。敞篷版 MP4-12C Spider 的折叠式车顶设计，让人在驾驶时能获得人车一体的体验。

lán bó jī ní

兰博基尼

lán bó jī ní de biāo zhì shì yì tóu jīn niú , yīn wèi chuàng shǐ
兰博基尼的标志是一头金牛，因为创始
rén de xīng zuò shì jīn niú zuò , bìng qiě tā xī wàng pǐn pái néng yǒu mán
人的星座是金牛座，并且他希望品牌能有蛮
niú bān de jīng shén 。 chuàng shǐ rén yuán běn shì yí wèi nóng gēng jī zhì zào
牛般的精神。创始人原本是一位农耕机制造
shāng , tā yì wài de fā xiàn fǎ lā lì pǎo chē de gòu zào quē diǎn ,
商，他意外地发现法拉利跑车的构造缺点，
biàn xiàng fǎ lā lì gōng sī tí chū gǎi shàn yì jiàn , kě shì fǎ lā lì
便向法拉利公司提出改善意见，可是法拉利
de lǎo bǎn què huí yìng shuō : bú yòng nǐ zhè wèi zhì zào nóng gēng jī de
的老板却回应说：“不用你这位制造农耕机的
rén gào sù wǒ zěn me zào chē ! yú shì , zhè wèi chuàng shǐ rén wèi
人告诉我怎么造车！”于是，这位创始人为
le zhèng míng zì jǐ , biàn chuàng bàn le lán bó jī ní qì chē pǐn pái 。
了证明自己，便创办了兰博基尼汽车品牌。

lán bó jī ní

兰博基尼 Aventador LP700-4

国别	意大利	最大功率	700 匹
0~100 千米 / 时加速	2.8 秒	极速	350 千米/时

sú chēng dà niú de lán bó jī ní qí jiàn chāo jí pǎo chē
俗称“大牛”的兰博基尼旗舰超级跑车
míng zi lái yuán yú dòu niú chǎng shàng de yì tóu
Aventador LP700-4，名字来源于斗牛场上的一头
niú yīn wèi zhè tóu niú cōng míng xiōng měng qiě qiáng jìng yǒu lì yǐ
牛。因为这头牛聪明、凶猛且强劲有力，以
cǐ mìng míng biǎo dá le shè jì zhě xī wàng qì chē néng yōng yǒu xiàng
此命名，表达了设计者希望汽车能拥有像
zhè tóu niú yí yàng de tè zhì lán bó jī ní qí xià měi yì kuǎn
这头牛一样的特质。兰博基尼旗下每一款
qí jiàn chē xíng de míng zi dōu lái zì yú dòu niú chǎng shàng de niú
旗舰车型的名字都来自于斗牛场上的牛。
de wài xíng yóu rú kē huàn diàn yǐng lǐ de tài
Aventador LP700-4 的外形犹如科幻电影里的“太
kōng zhàn jī wú lùn kāi dào nǎ li tā dōu shì qiǎng yǎn de zhǔ jué
空战机”，无论开到哪里，它都是抢眼的主角。

兰博基尼 Veneno

国　别	意大利	最大功率	750 匹
0～100 千米 / 时加速	2.8 秒	极　速	355 千米/时

2013 年，兰博基尼汽车公司为了庆祝品牌成立 50 周年，在日内瓦车展上隆重推出了外形酷似日本动漫《霹雳赛车》中阿斯拉赛车的纪念版超级跑车——兰博基尼 Veneno。这款顶级跑车全球限量 3 辆，在正式发布消息时就被订购一空，极具收藏价值。Veneno 是在 Aventador LP700-4 的基础上制造的，但 Veneno 的价格比它高 15 倍。

lán bó jī ní

兰博基尼 Gallardo

国别	意大利	最大功率	570 匹
0~100 千米/时加速	3.4 秒	极速	325 千米/时

lán bó jī ní pǎo chē shǐ shàng zuì chéng gōng de chāo jí pǎo chē
兰博基尼跑车史上最成功的超级跑车

xì liè shàng shì zhì jīn zǒng gòng shēng chǎn le yuē
Gallardo 系列，上市至今总共生产了约 14 000

liàng shì lán bó jī ní chuàng lì yǐ lái zuì chéng gōng de chàng xiāo chē kuǎn
辆，是兰博基尼创立以来最成功的畅销车款

zhī yī fēn wéi shuāng mén yǔ chǎng péng liǎng zhǒng chē xíng yǐ
之一。Gallardo 分为双门与敞篷两种车型，以

jí jiào ān quán de sì lún qū dòng hé zhù zhòng jià shǐ tǐ yàn de hòu lún
及较安全的四轮驱动和注重驾驶体验的后轮

qū dòng chē kuǎn de sài chē chú le dǐ pán wèi tè shū sài dào
驱动车款。Gallardo 的赛车除了底盘为特殊赛道

tiáo zhěng guò qí tā líng jiàn hé shì shòu de chē kuǎn yí yàng zhè shuō míng
调整过，其他零件和市售的车款一样，这说明

tā de shì shòu chē kuǎn bù jǐn fēi cháng nài yòng xìng néng yě hěn qiáng
它的市售车款不仅非常耐用，性能也很强。

Niche Cars
Sole Authorized Dealer

ZENVO

shì nián zài dān mài chéng lì de yì jiā qì chē
ZENVO 是 2004 年在丹麦成立的一家汽车
gōng chǎng tā cóng dàn shēng zhī rì qǐ jiù zhǐ yǒu yí gè mù biāo nà
工厂，它从诞生之日起就只有一个目标，那
jiù shì shǒu gōng zhì zào yí liàng dú yī wú èr de chāo jí pǎo chē zhōng
就是手工制造一辆独一无二的超级跑车。终
yú zài nián de dí bài chē zhǎn zhōng fā bù le qí
于，ZENVO 在 2013 年的迪拜车展中发布了旗
xià de wéi yī yì kuǎn chē gāi kuǎn chē xiàn liàng
下的唯一一款车—— ZENVO ST1。该款车限量
shēng chǎn liàng bìng qiě zhǐ chū shòu gěi jīng hé zhǔn jù yǒu gòu mǎi
生产 15 辆，并且只出售给经核准具有购买
zī gé de gù kè yóu yú shǒu gōng zhì zuò xiāng dāng fù zá qiě hào shí
资格的顾客。由于手工制作相当复杂且耗时
cháng suǒ yǐ měi nián jǐn néng shēng chǎn liàng chāo jí
长，所以 ZENVO 每年仅能生产 3 辆 ST1 超级
pǎo chē xū yào nián cái néng wán chéng shēng chǎn jì huà
跑车，需要 5 年才能完成生产计划。

ZENVO ST1

国别	丹麦	最大功率	1 104 匹
0~100 千米/时加速	3 秒	极速	375 千米/时

chē shēn zào xíng qí tè qí liù biān xíng de dà
ZENVO ST1 车身造型奇特，其六边形的大
zuǐ shì qián jìn qì gé zhà hé dú tè de tóu dēng zào xíng shǐ tā kàn qǐ lái
嘴式前进气格栅和独特的头灯造型使它看起来
xiàng yì tóu xiōng měng de guài shòu zhè kuǎn chē cǎi yòng wō lún yǔ
像一头凶猛的“怪兽”。这款车采用涡轮与
jī xiè zēng yā de shuāng zēng yā fā dòng jī zuì dà gōng lǜ kě yǐ dá
机械增压的双增压发动机，最大功率可以达
dào pǐ chē zhòng jǐn qiān kè jù yǒu xiāng dāng jīng
到 1 104 匹；车重仅 1 370 千克，具有相当惊
rén de jiā sù néng lì dāng yì bān jiào chē jiā sù hái méi pǎo dào
人的加速能力。当一般轿车加速还没跑到 100
qiān mǐ shí shí zǎo yǐ jīng chāo guò qiān mǐ shí le
千米/时时，ST1 早已经超过 200 千米/时了。

fǎ lā lì
法拉利

fǎ lā lì de biāo zhì shàng fāng shì yì dà lì guó qí shàng lǜ
法拉利的标志上方是意大利国旗上绿
sè bái sè hóng sè de xiàn tiáo zhōng jiān yìn yǒu yì pǐ yuè qǐ
色、白色、红色的线条，中间印有一匹跃起
de hēi mǎ biāo zhì dǐ sè zé shì dài biǎo yì dà lì mó dé nà shì de
的黑马，标志底色则是代表意大利摩德纳市的
huáng sè zhè pǐ hēi mǎ yuán běn yìn zài yì dà lì kōng jūn fēi xíng yuán
黄色。这匹黑马原本印在意大利空军飞行员
fú lǎng xī sī kē bā lā kǎ de zhàn dòu jī shàng zài tā xī shēng
弗朗西斯科·巴拉卡的战斗机上。在他牺牲
hòu tā de mǔ qin hé fǎ lā lì chuàng shǐ rén jiàn miàn shí biǎo shì
后，他的母亲和法拉利创始人见面时，表示
xī wàng néng jiāng zhè pǐ hēi mǎ de biāo zhì yìn zài fǎ lā lì de chāo jí
希望能将这匹黑马的标志印在法拉利的超级
pǎo chē shàng yù yì gěi fǎ lā lì dài lái hǎo yùn
跑车上，寓意给法拉利带来好运。

法拉利 La Ferrari

国别	意大利	最大功率	963 匹
0~100 千米 / 时加速	3 秒	极速	350 千米/时

La Ferrari 是法拉利汽车中性能最强的超级跑车之一。当其电池充满电时，发动机便可以在短时间内获得额外的动力，使最大功率达到 963 匹，展现出更强的加速性能。因为法拉利汽车一共只生产 499 辆 La Ferrari，所以这款集法拉利尖端科技于一身的旗舰超级跑车具有很高的收藏价值，并且其先进的技术和理念使该款车成为整个汽车行业的标杆之一。

法拉利 F12 Berlinetta

国别	意大利	最大功率	740 匹
0~100 千米 / 时加速	3.1 秒	极速	350 千米/时

F12 Berlinetta 是法拉利汽车产品中第二快的超级跑车，它使用的是拥有最大功率 740 匹的发动机，从静止加速到 100 千米/时仅需 3.1 秒，加速到 200 千米/时也只需要 8.5 秒。此外，F12 Berlinetta 在法拉利专属的费奥拉诺赛道上曾创造了 1 分 23 秒的单圈纪录，是 La Ferrari 上市前最快的一辆法拉利公路跑车。此外，它的座舱也特别选用了顶级材质。

fǎ lā lì
法拉利 458 Italia

国 别	意大利	最大功率	570 匹
0~100 千米 / 时加速	3.4 秒	极 速	325 千米/时

fǎ lā lì wài guān qián wèi chōng mǎn le wèi lái
法拉利 458 Italia 外观前卫，充满了未来
gǎn zì nián shàng shì hòu tā biàn chēng bà rù mén kuǎn chāo
感，自 2009 年上市后，它便称霸入门款超
jí pǎo chē de shì chǎng shǐ yòng le fǎ lā lì yǐn yǐ wéi
级跑车的市场。458 Italia 使用了法拉利引以为
ào de sài chē zhì zào jì shù yǐ jí pì měi sài chē xìng néng de fā dòng
傲的赛车制造技术以及媲美赛车性能的发动
jī wèi qì chē tí gōng le qiǎng jìng de dòng lì chú le wán měi de
机，为汽车提供了强劲的动力。除了完美的
chē shēn zhòng liàng fēn pèi yǔ tiē xīn de xuán diào shè jì zhè kuǎn pǎo
车身重量分配与贴心的悬吊设计，这款跑
chē hái jiā zhuāng le xǔ duō xiān jìn de diàn zǐ xì tǒng shǐ cāo kòng
车还加装了许多先进的电子系统，使操控
xìng néng yě dé dào le hěn dà tí shēng
性能也得到了很大提升。

pà jiā ní

帕加尼

pà jiā ní qì chē gōng sī chuàng shǐ rén zài suì shí jiù xǐ
帕加尼汽车公司创始人在 12 岁时就喜
huān yòng mù tou shè jì xiǎo qì chē zhǎng dà hòu rè ài qì chē
欢用木头设计小汽车。长大后，热爱汽车
de tā biàn qù le lán bó jī ní chāo jí pǎo chē de gōng chǎng shàng bān
的他便去了兰博基尼超级跑车的工厂上班。
nián tā zì jǐ dú lì shè chǎng zhī hòu réng jì xù hé lán bó
1988 年他自己独立设厂，之后仍继续和兰博
jī ní hé zuò shè jì le xǔ duō jīng diǎn chē kuǎn hòu lái pà jiā
基尼合作，设计了许多经典车款。后来，帕加
ní yòu hé bēn chí hé zuò zhì zào fā dòng jī bìng yú
尼又和奔驰 AMG 合作制造发动机，并于 1998
nián shēng chǎn le dì yī liàng chāo jí pǎo chē pà jiā ní xiàn zài chú le
年生产了第一辆超级跑车。帕加尼现在除了
shēng chǎn zì jiā de chāo jí pǎo chē hái wèi xǔ duō chē chǎng yǔ chē duì
生产自家的超级跑车，还为许多车厂与车队
gōng yìng líng jiàn
供应零件。

pà jiā ní

帕加尼 Huayra

国 别	意大利	最大功率	730 匹
0～100 千米 / 时加速	3.2 秒	极 速	370 千米/时

shì yì dà lì chāo jí pǎo chē zhì zào shāng pà jiā ní
Huayra 是意大利超级跑车制造商帕加尼
qí xià de yì kuǎn chāo jí pǎo chē céng zài yīng guó mǒu zhī míng qì chē
旗下的一款超级跑车，曾在英国某知名汽车
zōng yì jié mù zhōng yǐ fēn miǎo de jiā jì jī bài jì
综艺节目中，以 1 分 13 秒 8 的佳绩，击败纪
lù bǎo chí zhě xiǎo xíng pǎo chē ā lǐ ěr chuàng xià gāi jié
录保持者小型跑车阿里尔 Atom V8，创下该节
mù zuì kuài de dān quān chéng jì tā pèi bèi le jù yǒu zuì dà gōng lǜ
目最快的单圈成绩。它配备了具有最大功率
pǐ de fā dòng jī yǔ huàn dǎng xùn sù de biàn sù xiāng xì tǒng
730 匹的发动机与换挡迅速的变速箱系统，
cóng jìng zhǐ jiā sù dào qiān mǐ shí jǐn xū miǎo zuì kuài sù
从静止加速到 100 千米 / 时仅需 3.2 秒，最快速
dù gèng shì kě yǐ dá dào qiān mǐ shí
度更是可以达到 370 千米 / 时。

7AM-6PM

ā sī dùn · mǎ dīng
阿斯顿·马丁

ā sī dùn mǎ dīng de biāo zhì shì jiāng gōng sī yīng wén míng
阿斯顿·马丁的标志是将公司英文名
yǔ yí duì bái sè chì bǎng jié hé shè jì jù
ASTON MARTIN与一对白色翅膀结合设计，据
shuō shè jì líng gǎn yuán zì bīn lì qì chē de biāo zhì xiàng zhēng zhe gōng
说设计灵感源自宾利汽车的标志，象征着公
sī xiàng dà péng yí yàng jù yǒu yuǎn dà bào fù zhè jiā yīng guó dǐng jí
司像大鹏一样具有远大抱负。这家英国顶级
qì chē zhì zào shāng cóng nián chuàng lì yǐ lái shēng chǎn le wú
汽车制造商从1913年创立以来，生产了无
shù shì jiè wén míng de sài chē háo huá pǎo chē chǎng péng pǎo chē yǐ
数世界闻名的赛车、豪华跑车、敞篷跑车以
jí gāo jí jiào pǎo chē tā bú dàn shǐ zhōng jiān chí yǐ áng guì de shǒu
及高级轿跑车。它不但始终坚持以昂贵的手
gōng fāng shì zhì zào qì chē hái néng yī zhào chē zhǔ de xǐ hào yǔ xū
工方式制造汽车，还能依照车主的喜好与需
qiú dǎ zào chū yǔ zhòng bù tóng de qì chē
求，打造出与众不同的汽车。

VERIFICATIONS TECHNIQUES
24 HEURES DU MANS
ASTON MARTIN
drayson racing
87
1000mph
COBRA

ā sī dùn mǎ dīng
阿斯顿·马丁 One-77

国别	英国	最大功率	750 匹
0~100 千米/时加速	3.5 秒	极速	354 千米/时

quán shì jiè xiàn liàng shēng chǎn liàng de ā sī dùn mǎ dīng
全世界限量生产 77 辆的阿斯顿·马丁
chāo jí pǎo chē chú le yōng yǒu zuì dà gōng lǜ wéi pǐ
One-77 超级跑车，除了拥有最大功率为 750 匹
de fā dòng jī hái dà liàng shǐ yòng tàn xiān wéi yǔ lǚ hé jīn cái zhì
的发动机，还大量使用碳纤维与铝合金材质，
ràng chē shēn gèng qīng gèng jiān gù tóng shí pǎo de gèng kuài měi liàng
让车身更轻、更坚固，同时跑得更快。每辆
jìng zhòng zài qiān kè zuǒ yòu lǚ zhì chē shēn xū yào
One-77 净重在 1 500 千克左右，铝制车身需要
jì shī men huā fèi sì gè xīng qī de shí jiān lái shǒu gōng zhì zuò bìng
技师们花费四个星期的时间来手工制作，并
qiě chē zhǔ kě yǐ zì jǐ xuǎn zé zhěng chē de zhuāng shì dā pèi zhāng
且车主可以自己选择整车的装饰搭配，彰
xiǎn gè rén dú tè de pǐn wèi
显个人独特的品位。

阿斯顿·马丁 Vanquish

国别	英国	最大功率	573 匹
0~100 千米/时加速	4.1 秒	极速	295 千米/时

Vanquish 超级跑车除了拥有强而有力的发动机，外观与内装也加入了 One-77 超级跑车的高级设计。为了减轻重量并提升操控性能和驾驶体验，它同样采用了铝合金与碳纤维结构。座舱使用了 7 张顶级皮革以手工缝制的方式制成，至少要花费 70 小时。虽然 Vanquish 不是速度最快的超级跑车，却具有一种独特的绅士气质。

阿斯顿·马丁 Rapide S

国　别	英国	最大功率	558 匹
0~100 千米/时加速	4.9 秒	极　速	306 千米/时

Rapide S 是阿斯顿·马丁造车史上的第二辆四门轿跑车。它的外观设计充满了阿斯顿·马丁的“家族”特征，让人一眼就能认出它尊贵的身份。它的座舱选用顶级的皮革以手工方式打造，质感极高，并且外后视镜的支架设计为镂空样式，更是突显出独特的美感。唯一美中不足的是它的发动机爆发力不够强，但因为操控设计很细腻，它仍然获得了各界的肯定。

gòng pèi ěr tè
贡佩尔特

dé guó chē chǎng gòng pèi ěr tè de biāo zhì shàng chú le yìn yǒu
德国车厂贡佩尔特的标志上，除了印有

chǎng pái míng chēng hái yǒu yì zhī yīng tóu shī shēn de shī
厂牌名称 GUMPERT，还有一只鹰头狮身的狮

jiù shī zi shì lù dì zhī wáng ér lǎo yīng shì chēng bà tiān kōng de
鹫。狮子是陆地之王，而老鹰是称霸天空的

měng qín xī là shén huà zhōng de shī jiù jiān jù liǎng zhě de tè zhì
猛禽，希腊神话中的狮鹫兼具两者的特质，

shì yì zhǒng xiōng měng de shén shòu suǒ yǐ bèi gòng pèi ěr tè yùn yòng
是一种凶猛的神兽，所以被贡佩尔特运用

zài biāo zhì shàng xiàng zhēng qí zhì zào de qì chē jù yǒu jí qiáng de jiā
在标志上，象征其制造的汽车具有极强的加

sù xìng néng suī rán gòng pèi ěr tè de gōng sī guī mó bǐ bú shàng qí
速性能。虽然贡佩尔特的公司规模比不上其

tā chāo jí pǎo chē de chē chǎng dàn tā shēng chǎn de pǎo chē què zài quán
他超级跑车的车厂，但它生产的跑车却在全

shì jiè xiǎng yǒu shèng míng
世界享有盛名。

gòng pèi ěr tè ā bō luó

贡佩尔特阿波罗

国别	德国	最大功率	800 匹
0～100 千米/时加速	3.1 秒	极速	360 千米/时

ā bō luó chāo jí pǎo chē shì lìng gòng pèi ěr tè míng yáng zhōng
阿波罗超级跑车是令贡佩尔特名扬中
wài de chǎn pǐn zhī yī zhè kuǎn chāo jí pǎo chē de chē zhòng jiè yú
外的产品之一。这款超级跑车的车重介于
qiān kè jī hū shì yí liàng kě yǐ hé fǎ kāi shàng
1 100～1 200 千克，几乎是一辆可以合法开上
gōng lù de sài chē tā de fā dòng jī jié hé le liǎng gè wō lún
公路的赛车。它的发动机结合了两个涡轮，
bìng qiě yǒu pǐ pǐ pǐ sān zhǒng bù tóng de dòng
并且有 650 匹、700 匹、800 匹三种不同的动
lì shū chū shè dìng néng mǎn zú bù tóng de jià shǐ xū qiú cǐ wài
力输出设定，能满足不同的驾驶需求。此外，
ā bō luó suī rán shì yì kuǎn xìng néng jí gāo de chāo jí pǎo chē dàn
阿波罗虽然是一款性能极高的超级跑车，但
chē liàng nèi bù réng pèi bèi le fēi cháng shí yòng de pèi jiàn
车辆内部仍配备了非常实用的配件。

77

shì jué
世爵

shì jué céng zài dì yī cì shì jiè dà zhàn zhōng yǔ hé lán fēi jī
世爵曾在第一次世界大战中与荷兰飞机
zhì zào chǎng hé bìng kāi shǐ zhì zào háng kōng fā dòng jī yīn cǐ
制造厂合并，开始制造航空发动机。因此，
shì jué cóng nián qǐ gǎi yòng jié hé le fēi jī shuǐ píng luó xuán jiǎng
世爵从 1915 年起改用结合了飞机水平螺旋桨、
gōng sī lǐ niàn yǔ chē lún shè jì de quán xīn biāo zhì biāo zhì shàng de
公司理念与车轮设计的全新标志，标志上的
xuān yán wéi zhí zhuó jiān rèn fán shì kě chéng yōng yǒu bǎi nián
宣言为“执着坚韧、凡事可成”。拥有百年
lì shǐ de shì jué yì zhí jiān chí quán shǒu gōng zào chē de chuán tǒng bìng
历史的世爵一直坚持全手工造车的传统，并
tí gōng liáng shēn dìng zhì chē liàng de fú wù mǎn zú quán shì jiè chē zhǔ
提供量身定制车辆的服务，满足全世界车主
de bù tóng xǐ hào yǔ xū qiú
的不同喜好与需求。

Spyker

世爵 C8 Aileron

国　别	荷兰	最大功率	400 匹
0~100 千米 / 时加速	4.5 秒	极　速	300 千米/时

C8 Aileron 与世爵所有纯手工打造的跑车一样，也使用了许多制造飞机的技术与材料。它不仅运用了空气力学的设计，外观上还设计了独特的上掀式铡刀车门与玻璃车顶，并且内装选用了大量金属面板与顶级皮革，营造出老式飞机座舱浓厚的机械感。除了双门超级跑车外，它还有一款很炫酷的敞篷版 C8 Aileron Spyder。

PORSCHE

VIPER SRT-10

LEXUS

Mercedes-Benz

Audi

NISSAN

CHEVROLET

BMW

Ford

LOTUS

BENTLEY

MASERAT

JAGUAR

ALFA ROMEO

caparo

ARIEL

CATERHAM SUPER 7 SPRINT

PEUGEOT

TESLA MOTORS

TOYOTA

FIAT

mazda

MINI

HONDA

qí tā jīng diǎn pǎo chē
其他经典跑车

扫一扫 听一听

kàn wán shí dà chāo jí pǎo chē hòu， wǒ men jì xù jiè shào yì xiē yǔ chāo jí pǎo chē xiāng bǐ pèi zhì xiāng duì jiào dī， dàn xìng néng yě xiāng dāng qiáng jìng de jīng diǎn pǎo chē， bāo kuò jù yǒu líng huó cāo kòng xìng、tǐ xíng jiào xiǎo、zhòng xīn jiào dī de xiǎo xíng pǎo chē， yǐ jí yōng yǒu qiáng jìng dòng lì yǔ kuān chang zuò cāng de jiào pǎo chē。 tā men huò xǔ méi yǒu chāo jí pǎo chē de wài xíng yǔ xìng néng， dàn néng ràng jià shǐ zhě tóng shí tǐ yàn dào dú tè de cāo kòng gǎn yǔ jià shǐ lè qù。

看完十大超级跑车后，我们继续介绍一些与超级跑车相比配置相对较低，但性能也相当强劲的经典跑车，包括具有灵活操控性、体形较小、重心较低的小型跑车，以及拥有强劲动力与宽敞座舱的轿跑车。它们或许没有超级跑车的外形与性能，但能让驾驶者同时体验到独特的操控感与驾驶乐趣。

cǐ wài， zhè xiē jīng diǎn pǎo chē yōng yǒu chōng zú de kōng jiān yǔ shū shì de shè jì， bǐ duō shù chāo jí pǎo chē gèng shí yòng。

此外，这些经典跑车拥有充足的空间与舒适的设计，比多数超级跑车更实用。

bǎo shí jié
保时捷 918 Spyder

国别	德国	最大功率	887 匹
0~100 千米 / 时加速	2.6 秒	极速	340 千米/时

bǎo shí jié shì quán qiú dì yī liàng chā diàn shì hùn
保时捷 918 Spyder 是全球第一辆插电式混
hé dòng lì qí jiàn chāo jí pǎo chē tā bù jǐn hěn róng yì cāo kòng
合动力旗舰超级跑车。它不仅很容易操控，
xìng néng jué jiā hái bǐ duō shù de xiǎo xíng qì chē yào jié néng tā
性能绝佳，还比多数的小型汽车要节能。它
de chā diàn shì hùn hé dòng lì shì yóu qì yóu fā dòng jī hé diàn dòng jī
的插电式混合动力是由汽油发动机和电动机
gòng tóng tí gōng de jià shǐ shí yóu rán yóu fā dòng jī qū dòng hòu
共同提供的。驾驶时，由燃油发动机驱动后
lún shuāng diàn dòng jī fù zé qián lún de dòng lì shū chū chē liàng zhǐ
轮，双电动机负责前轮的动力输出，车辆只
yòng diàn lì jiù néng xíng shǐ yuē qiān mǐ bìng qiě shí sù kě yǐ dá
用电力就能行驶约 32 千米，并且时速可以达
dào qiān mǐ fēi cháng huán bǎo qiě shěng yóu
到 150 千米，非常环保且省油。

跑车小知识

保时捷的标志结合了公司所在地斯图加特的德文字样、德国的国旗颜色、巴登－符腾堡州州徽以及一匹象征力量的跃动黑马，综合设计而成。

PORSCHE

bǎo shí jié

保时捷 911

国　别	德国	最大功率	450 匹
0～100 千米 / 时加速	3.7 秒	极　速	308 千米/时

bǎo shí jié shàng shì zhì jīn bú dàn bèi yù wéi shǐ shàng
保时捷 911 上市至今，不但被誉为史上
zuì chéng gōng de pǎo chē zhī yī yě chuàng xià yōu yì de bǐ sài chéng
最成功的跑车之一，也创下优异的比赛成
jì yǔ xiāo shòu jì lù jí shǐ gè dài chē kuǎn dōu huàn shàng le gèng jù
绩与销售纪录。即使各代车款都换上了更具
liú xiàn xíng de wài guān shè jì dàn bǎo shí jié de zuì xīn chē kuǎn
流线型的外观设计，但保时捷 911 的最新车款
réng bǎo liú fā dòng jī zài hòu de tè sè wéi chí dú tè
Carrera 4S 仍保留发动机在后的特色，维持独特
de jià shǐ gǎn bǎo shí jié chú le yǒu shuāng mén chǎng péng
的驾驶感。保时捷 911 除了有双门、敞篷、
hòu qū yǔ sì lún qū dòng chē kuǎn hái tuī chū le qí tā xìng néng jiē
后驱与四轮驱动车款，还推出了其他性能接
jìn chāo jí pǎo chē chē sù de chē kuǎn
近超级跑车车速的车款。

bǎo shí jié
保时捷 Boxster

国 别	德国	最大功率	265 匹
0~100 千米 / 时加速	5.7 秒	极 速	277 千米/时

shì bǎo shí jié jì chē kuǎn pǎo chē
Boxster 是保时捷继车款 550 跑车（1953—
nián zhī hòu dì yī liàng xuǎn yòng chǎng péng chē shè jì de chē
1956 年）之后，第一辆选用敞篷车设计的车
kuǎn tā jīng guò sān dài de yǎn biàn biàn de gèng qīng gèng líng mǐn
款。它经过三代的演变，变得更轻、更灵敏，
bìng qiě sù dù gèng kuài suī rán shì pǎo chē de rù mén jí
并且速度更快。虽然 Boxster 是跑车的入门级
chē kuǎn dàn xìng néng biǎo xiàn réng rán jù yǒu hěn gāo de shuǐ píng yóu
车款，但性能表现仍然具有很高的水平。由
yú fā dòng jī zhuāng zhì zài chē tǐ de zhōng yāng shǐ de qián
于发动机装置在车体的中央，使 Boxster 的前
hòu zhòng liàng jūn héng jìn ér zhǎn xiàn chū jí jiā de cāo kòng xìng néng yǔ
后重量均衡，进而展现出极佳的操控性能与
líng huó dù
灵活度。

Boxster S

SRT Viper

国 别	美国	最大功率	640 匹
0～100 千米 / 时加速	3.4 秒	极 速	325 千米/时

měi guó chǎn de dài biǎo xìng pǎo chē zhī yī
美国产的代表性跑车之一——SRT Viper

shuāng mén pǎo chē yōng yǒu dú shé bān xiōng měng de wài xíng hé qiáng dà
双门跑车，拥有毒蛇般凶猛的外形和强大

de fā dòng jī zǎo qī bìng méi yǒu pèi bèi diàn zǐ ān
的发动机。早期 SRT Viper 并没有配备电子安

quán xì tǒng jià shǐ shí bì xū yī kào zú gòu de jīng yàn yǔ shú liàn
全系统，驾驶时必须依靠足够的经验与熟练

de jià shǐ jì shù cái néng jià yù fǒu zé yí bù xiǎo xīn jiù kě néng
的驾驶技术才能驾驭，否则一不小心就可能

fā shēng yì wài suī rán dì wǔ dài jiā zhuāng le gāo kē
发生意外。虽然第五代 SRT Viper 加装了高科

jì de diàn zǐ ān quán xì tǒng dàn réng bú shì yì bān rén néng qīng sōng
技的电子安全系统，但仍不是一般人能轻松

shàng shǒu de jià shǐ shí hái shi bì xū shí kè xiǎo xīn
上手的，驾驶时还是必须时刻小心。

GT3-R
SRT
MAGNETI MARELLI
MOPAR

léi kè sà sī
雷克萨斯LFA

国 别	日本	最大功率	560 匹
0~100 千米 / 时加速	3.7 秒	极 速	325 千米/时

quán qiú xiàn liàng shēng chǎn liàng de léi kè sà sī
全球限量生产500辆的雷克萨斯LFA
shuāng mén chāo jí pǎo chē yóu léi kè sà sī dǐng jiān de shè jì jí gōng
双门超级跑车，由雷克萨斯顶尖的设计及工
chéng tuán duì lì jīng nián shí jiān yán fā ér chéng shì léi kè sà sī
程团队历经10年时间研发而成，是雷克萨斯F
xì liè gāo xìng néng pǎo chē zhōng de diān fēng zhī zuò léi kè sà sī
系列高性能跑车中的巅峰之作。雷克萨斯
de fā dòng jī chú le zuì dà gōng lǜ néng dá dào pǐ jīng
LFA的发动机除了最大功率能达到560匹，经
guò yǎ mǎ hā shì jiè yī jí fāng chéng shì sài chē fā dòng jī tuán duì de
过雅马哈世界一级方程式赛车发动机团队的
jīng xīn tiáo jiào hòu tā jiā sù shí fā chū de shēng làng gèng shì xiàng sài
精心调校后，它加速时发出的声浪更是像赛
chē yí yàng xiōng měng gāo kàng
车一样凶猛高亢。

跑车小知识

雷克萨斯是丰田汽车公司旗下的高级车款品牌。它标志上的椭圆代表地球，象征雷克萨斯的车将遍布全球。

LEXUS

雷克萨斯 IS-F

国　别	日本	最大功率	416 匹
0～100 千米 / 时加速	4.7 秒	极　速	270 千米/时

雷克萨斯 IS-F 因其汽油发动机最大功率达到 416 匹，而成为雷克萨斯旗下可以对抗宝马 M3、奔驰 C63 AMG 以及奥迪 RS4 等高性能轿跑车的利器。它还配备了世界上第一台 8 速变速器，从静止加速到 100 千米/时只需要 4.7 秒就能完成。除了强劲的性能，雷克萨斯 IS-F 也和同级对手的车款一样拥有高级的内装配备与舒适的乘坐空间。

IS F

Mercedes-Benz

奔驰 SLS AMG

国别	德国	最大功率	571 匹
0~100 千米 / 时加速	3.6 秒	极速	317 千米/时

奔驰 SLS AMG 的设计理念是将 300SL 这款奔驰经典老车加以现代化，所以 SLS AMG 使用了与 300SL 相同的上掀式鸥翼车门和长头短尾式的车身设计，并规划了双门、Roadster 敞篷，以及性能版 GT 等车款。另外，奔驰 SLS AMG 还设计了最大功率为 750 匹的电动超级跑车款，是奔驰 AMG 史上动力输出最强的车款之一。

跑车小知识

奔驰的三芒星标志分别代表陆地、海洋和天空，象征着创始人想征服各领域的野心与愿景；圆环形似地球，有奔驰汽车在地球上任意奔驰的含义。

bēn chí
奔驰 C63 AMG

国　别	德国	最大功率	457 匹
0~100 千米 / 时加速	4.4 秒	极　速	250 千米/时

bēn chí xìng néng jiào pǎo chē kuǎn shì yóu bēn chí
奔驰 C63 AMG 性能轿跑车款是由奔驰
yán shēn ér lái de dàn tā gēng huàn le qiáng jìng de zì rán
C-Class 延伸而来的，但它更换了强劲的自然
jìn qì fā dòng jī zhǎn xiàn chū gèng qiáng de xìng néng wèi le mǎn zú
进气发动机，展现出更强的性能。为了满足
bù tóng chē zhǔ de xū qiú bēn chí tí gōng le xuàn kù
不同车主的需求，奔驰 C63 AMG 提供了炫酷
de shuāng mén jiào chē yǐ jí jiào wéi shí yòng de sì mén chē yǔ
的双门轿车，以及较为实用的四门车与 Estate
lǚ xíng chē sān zhǒng chē xíng cǐ wài zhěng gè chē xì hái shǐ yòng le
旅行车三种车型。此外，整个车系还使用了
dà liàng xiān jìn de ān quán jì shù jiān gù le cāo kòng lè qù hé jià
大量先进的安全技术，兼顾了操控乐趣和驾
shǐ ān quán
驶安全。

C 63 AMG
Black Series
6.3

bēn chí
奔驰 A45 AMG

国别	德国	最大功率	360 匹
0~100 千米/时加速	4.6 秒	极速	250 千米/时

bēn chí shì yì kuǎn xìng néng hěn qiáng de pǎo chē
奔驰 A45 AMG 是一款性能很强的跑车。
tā yǐ wǔ mén xiān bèi jiào chē wéi jī chǔ dā pèi quán xīn de
它以 A-Class 五门掀背轿车为基础，搭配全新的
wō lún fā dòng jī sì lún qū dòng xì tǒng bìng qiě qiáng huà le dǐ pán
涡轮发动机、四轮驱动系统，并且强化了底盘
de xuán diào gōng néng yōng yǒu zhuān shǔ de wài guān yǔ nèi zhuāng pèi jiàn
的悬吊功能，拥有专属的外观与内装配件。
zhè kuǎn chē bù jǐn pǎo de kuài ér qiě ān quán chē zhǔ hái néng xiǎng
这款车不仅跑得快，而且安全，车主还能享
shòu xiān bèi chē chōng mǎn biàn huà de lè qù yóu qí shì hái yōng yǒu kuān
受掀背车充满变化的乐趣，尤其是还拥有宽
chang de zhì wù kōng jiān cǐ wài tā hái pèi bèi le xiān jìn de jié néng
敞的置物空间。此外，它还配备了先进的节能
zhuāng zhì jì shěng yóu yòu jiàng dī le qì chē wěi qì de pái fàng liàng
装置，既省油又降低了汽车尾气的排放量。

A 45 AMG Edition 1

ào dí
奥迪 R8

国别	德国	最大功率	525 匹
0~100 千米 / 时加速	3.5 秒	极速	330 千米/时

shì ào dí qì chē shēng chǎn de dì yī kuǎn chāo jí pǎo chē
R8 是奥迪汽车生产的第一款超级跑车。
tā yōng yǒu fēi cháng dú tè de wèi lái gǎn wài xíng hé zuò cāng shè jì
它拥有非常独特的未来感外形和座舱设计，
tóng shí jiān jù yōu yì de xìng néng hé shū shì de chéng zuò gǎn shì yí
同时兼具优异的性能和舒适的乘坐感，是一
liàng kě yǐ měi tiān jià shǐ chū xíng de shí yòng pǎo chē tā yǐ yì dà
辆可以每天驾驶出行的实用跑车。它以意大
lì chāo jí pǎo chē lán bó jī ní de jié gòu shè jì wéi jī
利超级跑车兰博基尼 Gallardo 的结构设计为基
chǔ jiāng fā dòng jī zhuāng zài chē shēn zhōng jiān bìng dā pèi sì lún
础，将发动机装在车身中间，并搭配四轮
chuán dòng xì tǒng shǐ zhòng liàng gèng jūn héng yǐ cǐ shí xiàn gèng jiā
传动系统，使重量更均衡，以此实现更佳
de jiā sù xìng néng yǔ guò wān néng lì
的加速性能与过弯能力。

跑车小知识

奥迪标志的四个圆环代表当时合并的四家德国车厂：奥迪、小奇迹、霍希及漫游者。四环相连并且半径相等，象征着公司成员平等、互利、合作的精神。

奥迪 RS6 Avant

国别	德国	最大功率	600 匹
0～100 千米/时加速	3.8 秒	极速	305 千米/时

RS6 Avant 是奥迪旅行车款的名称，它的特色是拥有比一般轿车更实用且宽敞的后备厢空间，以及车顶置物的区域。此外，车内视野开阔，其稳定扎实的底盘带来充足的安全感。因此，RS6 Avant 除了速度和超级跑车差不多，还符合一般家庭用车的需求。可以说，RS6 Avant 是奥迪 A6 车型中发动机功率最大、跑得最快、操控性能最强的车款之一。

RS 6

ào dí

奥迪 TT

国别	德国	最大功率	220 匹
0~100 千米 / 时加速	6.4 秒	极速	245 千米/时

ào dí yōng yǒu dú tè de yuán hú shì chē shēn wài xíng yǐ
奥迪 TT 拥有独特的圆弧式车身外形，以
jí chōng mǎn kē jì gǎn hé pǎo chē huà de nèi zhuāng wèi le gěi chē zhǔ
及充满科技感和跑车化的内装。为了给车主
tí gōng duō yuán huà de xuǎn zé ào dí yǒu bǐ jiào shěng yóu de
提供多元化的选择，奥迪 TT 有比较省油的
qián lún qū dòng hé cāo kòng xìng néng qiáng de sì lún qū dòng liǎng kuǎn chē
前轮驱动和操控性能强的四轮驱动两款车
xíng hòu zhě hái dā pèi le dòng lì gèng qiáng de fā dòng jī xǐ ài
型。后者还搭配了动力更强的发动机，喜爱
jí sù jià shǐ hé xí guàn pǔ tōng chē sù de chē zhǔ kě yǐ gè qǔ suǒ
极速驾驶和习惯普通车速的车主可以各取所
xū chǎng péng bǎn de zé ràng chē zhǔ zài jià shǐ shí
需。敞篷版的 TT Roadster 则让车主在驾驶时
kě yǐ xiǎng shòu dào xiāo yáo tiān dì de bēn chí zhī gǎn
可以享受到逍遥天地的奔驰之感。

日产 GT-R

国别	日本	最大功率	553 匹
0~100 千米/时加速	2.7 秒	极速	315 千米/时

日产 GT-R 超级跑车被喻为“东瀛战神”，自 2008 年推出后，便以超强的性能，在世界各赛道上不断地创下新战绩，甚至跨级别击败售价是它 2 倍以上的高性能车款，就连意大利超级跑车制造商帕加尼都对它“敬畏三分”。GT-R 配备的弹射起步系统，使它能重复地在 2.7 秒内从静止加速到 100 千米/时，带给车主乘坐云霄飞车般的快感体验。

跑车小知识

日产标志中的圆代表太阳，中间是日产的英文，图案的意思是“以人和汽车的明天为目标”，银色则象征创意、完美、现代化及产品的独特性。

日产 370Z

国　别	日本	最大功率	332 匹
0~100 千米 / 时加速	4.8 秒	极　速	250 千米/时

370Z 取代了日产之前的 350Z 车款，并且换上了更轻的结构、更先进的技术、更强劲的发动机，以及更具质感的内装。它保留了日产第一代 Z 系列跑车 240Z 的长车头、短轴距及高腰线的车身设计，继续传承这个系列的性能车“血统”，使驾驶体验更轻松，因此深受消费者的喜爱。此外，这款车还推出了动力相同的 370Z Roadster 敞篷车款。

CHEVROLET

雪佛兰科尔维特 C7 Stingray

国别	美国	最大功率	450 匹
0~100 千米 / 时加速	4 秒	极速	305 千米/时

美国雪佛兰汽车的旗舰跑车科尔维特上市至今已经有几十年的历史了。这款原本计划每年只生产 150 辆的美式跑车，现在已成为美国最具代表性的车款之一。经过多代更新，第七代科尔维特 C7 Stingray 双门肌肉型跑车除了换上可媲美欧系超跑的外观设计外，座舱更是使用了顶级皮革、碳纤维与铝合金饰板，极大提升了内装的质感。

跑车小知识

雪佛兰金色领结标志的来源说法众多，有人说是创始人自己想的，也有人说灵感源自于其他图片，无论如何，它都象征着雪佛兰的气派和风度。

CHEVROLET

bǎo mǎ

宝马 M3

国别	德国	最大功率	510 匹
0~100 千米 / 时加速	3.5 秒	极速	250 千米/时

bǎo mǎ nián shàng shì de dì sì dài chē xì bāo
宝马 2007 年上市的第四代 M3 车系（包
hán sì mén jiào pǎo chē shuāng mén yìng dǐng chē yǐ jí shuāng mén chǎng péng
含四门轿跑车、双门硬顶车以及双门敞篷
chē shì bǎo mǎ shēng chǎn de dì yī kuǎn fā dòng jī gōng lǜ chāo guò
车）是宝马生产的第一款发动机功率超过
pǐ de chē xíng shàng shì hòu mài de hěn hǎo shì bǎo mǎ xiāo liàng
400 匹的车型，上市后卖得很好，是宝马销量
zuì jiā de chē xíng zhī yī bǎo mǎ chē xì hái tuī chū le duō kuǎn
最佳的车型之一。宝马 M3 车系还推出了多款
yōng yǒu gāo jí pèi zhì huò qiáng huà xìng néng líng jiàn de tè bié chē kuǎn
拥有高级配置或强化性能零件的特别车款，
ràng chē zhǔ zài jià shǐ shí néng tǐ yàn dào gèng jiē jìn sài chē de yōu yì
让车主在驾驶时能体验到更接近赛车的优异
cāo kòng gǎn
操控感。

跑车小知识

宝马标志中的蓝白相间图案常被认为是一个运转中的直升机螺旋桨，但其实它象征的是宝马所在地巴伐利亚州的蓝白格纹州旗。

bǎo mǎ
宝马 M6

国别	德国	最大功率	560 匹
0~100 千米/时加速	4.2 秒	极速	305 千米/时

bǎo mǎ qì chē chǎn pǐn zhōng xìng néng zuì qiáng de shuāng mén
宝马汽车产品中性能最强的 M6 双门
jiào pǎo chē shǐ yòng de fā dòng jī yǔ sì mén jiào pǎo chē xiāng tóng
轿跑车使用的发动机与 M5 四门轿跑车相同，
zuì dà gōng lǜ dōu shì pǐ dàn yóu yú qí chē shēn gèng qīng
最大功率都是 560 匹，但由于其车身更轻，
yīn cǐ pǎo de gèng kuài guò wān jí xiàn yě gèng gāo wèi le jiàng dī
因此跑得更快，过弯极限也更高。为了降低
zhòng xīn tā de chē dǐng tè bié xuǎn yòng tàn xiān wéi cái zhì bìng qiě
重心，它的车顶特别选用碳纤维材质，并且
jiā rù le jiàng dī fēng zǔ de āo cáo shè jì jí shǐ chē sù hěn kuài
加入了降低风阻的凹槽设计。即使车速很快，
chē zi yě bú huì měng liè yáo huàng zài yì bān de sù dù shí
车子也不会猛烈摇晃；在一般的速度时，M6
kāi qǐ lái jiù xiàng jià shǐ jiào chē yí yàng shū fu
开起来就像驾驶轿车一样舒服。

BMW M6 Coupé

bǎo mǎ
宝马 Z4

国别	德国	最大功率	340 匹
0~100 千米 / 时加速	5.1 秒	极速	250 千米/时

zài bǎo mǎ suǒ yǒu chē xì zhōng shuāng rén zuò xiǎo xíng chǎng
在宝马所有车系中，Z4 双人座小型敞
péng pǎo chē shì shǒu cì shǐ yòng liǎng piàn shì diàn dòng shōu zhé dǐng péng de chē
篷跑车是首次使用两片式电动收折顶篷的车
kuǎn nèi zhuāng zé wéi chí pǐn pái yí guàn de gāo jí shū shì gǎn tā
款，内装则维持品牌一贯的高级舒适感。它
de chē shēn jié hé chuán tǒng chǎng péng pǎo chē de cháng chē tóu bǐ lì hé
的车身结合传统敞篷跑车的长车头比例和
xiàn dài gǎn de liú xiàn xíng lún kuò chǔ yú tíng chē zhuàng tài shí yě tòu
现代感的流线型轮廓，处于停车状态时也透
chū yì gǔ xù shì dài fā de chōng jìnr jià shǐ shí zhǐ xū yào qīng
出一股蓄势待发的冲劲儿。驾驶时只需要轻
chù kòng zhì àn niǔ jiù kě yǐ zài miǎo nèi dǎ kāi dǐng péng shǐ
触控制按钮，就可以在 20 秒内打开顶篷，使
chē zhǔ xiǎng shòu dào jìn jù lí jiē chù dà zì rán de jià shǐ lè qù
车主享受到近距离接触大自然的驾驶乐趣。

fú tè yě mǎ

福特野马

国 别	美国	最大功率	500 匹
0~100 千米 / 时加速	5.8 秒	极 速	249 千米/时

dì yī dài fú tè yě mǎ pǎo chē zì nián zài niǔ yuē shàng
第一代福特野马跑车自 1964 年在纽约上
shì yǐ lái yǐ jīng zài quán qiú lěi jī xiāo shòu le duō wàn
市以来，已经在全球累积销售了 1 000 多万
liàng jí shǐ tā jīng lì le wǔ dài jìn huà yǔ gǎi kuǎn dàn réng bù
辆。即使它经历了五代进化与改款，但仍不
gǎi qí měi shì jīng diǎn pǎo chē de dú tè fēng gé yī jiù cǎi yòng le
改其美式经典跑车的独特风格，依旧采用了
chōng mǎn lì yǔ měi de wài guān shè jì yǐ jí qiǎng jìng de fā dòng jī
充满力与美的外观设计，以及强劲的发动机
dòng lì tā huò xǔ méi yǒu ōu xì pǎo chē líng mǐn de cāo kòng xìng néng
动力。它或许没有欧系跑车灵敏的操控性能，
què shì yì kuǎn yōng yǒu zú gòu kōng jiān shì hé cháng tú lǚ xíng de xìng
却是一款拥有足够空间、适合长途旅行的性
néng jiào pǎo chē
能轿跑车。

跑车小知识

福特的椭圆标志一直保持着早期的颜色与字体设计。创始人亨利 · 福特将生产流水线引入汽车业，极大地降低了生产成本。

lù tè sī
路特斯 Evora

国别	英国	最大功率	416 匹
0~100 千米/时加速	4.2 秒	极速	300 千米/时

jiào pǎo chē shì lù tè sī qì chē mù qián chē kuǎn zhōng tǐ
Evora 轿跑车是路特斯汽车目前车款中体
jī zuì dà yě shì wéi yī yí liàng shè dìng wéi sì rén zuò de chē kuǎn
积最大，也是唯一一辆设定为四人座的车款。
wèi le yíng hé gèng guǎng fàn xiāo fèi zú qún de xū qiú bǐ qí
为了迎合更广泛消费族群的需求，Evora 比其
tā lù tè sī chē kuǎn gèng jù shí yòng xìng tā bù jǐn chē shēn tǐ jī
他路特斯车款更具实用性。它不仅车身体积
jiào dà tí gōng le gèng kuān chang de zuò cāng kōng jiān hái shì tóng jí
较大，提供了更宽敞的座舱空间，还是同级
chē kuǎn zhōng wéi yī yì zhǒng jiāng fā dòng jī zhuāng zhì zài chē shēn zhōng
车款中唯一一种将发动机装置在车身中
yāng de chē kuǎn fā dòng jī hòu fāng de hòu bèi xiāng hái néng zhuāng jìn
央的车款，发动机后方的后备厢还能装进
yì zǔ gāo ěr fū qiú jù
一组高尔夫球具！

跑车小知识

路特斯的标志结合了公司创始人的姓名缩写、象征太阳的黄色及代表英国国际赛车协会的深绿色，综合设计而成。

lù tè sī
路特斯 Elise

国别	英国	最大功率	220 匹
0~100 千米/时加速	4.6 秒	极速	233 千米/时

lù tè sī shēng chǎn de dì yī dài chǎng péng xiǎo pǎo chē yú
路特斯生产的第一代 Elise 敞篷小跑车于
nián shàng shì suī rán tā de dòng lì bú suàn hěn qiáng jìng dàn
1996 年上市，虽然它的动力不算很强劲，但
yīn quán chē de shè jì jí dù qīng liàng huà réng zhǎn xiàn chū jué jiā de
因全车的设计极度轻量化，仍展现出绝佳的
xìng néng cāo kòng qǐ lái líng mǐn yòu xùn sù yóu qí shì guò wān de
性能，操控起来灵敏又迅速，尤其是过弯的
sù dù hé jí sù lián xǔ duō chāo jí pǎo chē dōu wú fǎ chāo yuè
速度和极速，连许多超级跑车都无法超越。
bú guò yóu yú shì yǐ xìng néng wéi biāo bǎng yīn cǐ nèi zhuāng
不过，由于 Elise 是以性能为标榜，因此内装
pèi bèi xiāng dāng jiǎn dān chéng zuò shí diān bǒ gǎn míng xiǎn bú tài shì
配备相当简单，乘坐时颠簸感明显，不太适
hé měi tiān shàng xià bān jià shǐ
合每天上下班驾驶。

ā ěr fǎ luó mì ōu
阿尔法·罗密欧 4C

国别	意大利	最大功率	240 匹
0~100 千米/时加速	4.5 秒	极速	250 千米/时

ā ěr fǎ luó mì ōu xiǎo xíng shuāng mén pǎo chē yīn wèi
阿尔法·罗密欧 4C 小型双门跑车因为

cǎi yòng le chāo jí pǎo chē děng jí de tàn xiān wéi yǔ lǚ hé jīn jié gòu
采用了超级跑车等级的碳纤维与铝合金结构，

suǒ yǐ chē shēn zhòng liàng jǐn qiān kè yě yīn cǐ tā suī rán
所以车身重量仅 895 千克。也因此，它虽然

méi yǒu jīng rén de dòng lì què yī jiù pǎo de fēi kuài qí nèi wài
没有惊人的动力，却依旧跑得飞快。其内外

guān zé yán xù ā ěr fǎ luó mì ōu jīng diǎn de xiàn tiáo shè jì ā
观则延续阿尔法·罗密欧经典的线条设计。阿

ěr fǎ luó mì ōu ràng chē zhǔ zài kāi kuài chē shí xiǎng shòu dào sù
尔法·罗密欧 4C 让车主在开快车时享受到速

dù de lè qù tíng xià lái shí yòu jué de tā měi de xiàng yì shù pǐn
度的乐趣，停下来时又觉得它美得像艺术品，

zhè yě shì chē mí men rè ài zhè ge pǐn pái de zhòng yào yuán yīn
这也是车迷们热爱这个品牌的重要原因。

跑车小知识

结合红色十字架与吞食蛇设计而成的阿尔法·罗密欧的标志，其实就是意大利米兰市的市徽。米兰市是阿尔法·罗密欧的发源地，也是它的总部所在地。

JAGUAR

jié bào
捷豹 XKR

国别	英国	最大功率	510 匹
0~100 千米/时加速	4.4 秒	极速	300 千米/时

dāng biāo zhǔn bǎn jié bào shuāng mén chē yǔ chǎng péng jiào pǎo chē
当标准版捷豹 XK 双门车与敞篷轿跑车
de dòng lì yǐ jīng wú fǎ mǎn zú chē zhǔ duì sù dù yǔ xìng néng de yāo
的动力已经无法满足车主对速度与性能的要
qiú shí jù yǒu kuáng yě wài xíng yǔ qiǎng jìng dòng lì fā dòng jī de
求时，具有狂野外形与强劲动力发动机的
gāo xìng néng shuāng mén chē yǔ chǎng péng jiào pǎo chē jiù cǐ dàn shēng
XKR 高性能双门车与敞篷轿跑车就此诞生
le tā cǎi yòng le qīng liàng huà de chē shēn jié gòu shè jì jì dà
了。它采用了轻量化的车身结构设计，既大
fú jiàng dī le chē shēn de zhòng liàng yòu bǎo zhèng le chē liàng zhěng tǐ
幅降低了车身的重量，又保证了车辆整体
jié gòu de wán zhěng xìng yǔ yōu yì de chéng zuò tǐ yàn ér qiě zài cāo
结构的完整性与优异的乘坐体验，而且在操
kòng jí shā chē xì tǒng shàng yě zuò le shēng jí
控及刹车系统上也做了升级。

跑车小知识

捷豹在生产汽车前，是一家制造三轮摩托车的工厂。它的标志是一只纵身跳跃的美洲豹，造型极具动感，象征着捷豹汽车的速度与力量。

JAGUAR

JAGUAR

捷豹 F-Type

国别	英国	最大功率	495 匹
0~100 千米 / 时加速	4.3 秒	极速	300 千米/时

捷豹 F-Type 双人座敞篷跑车，可以说是近几十年来唯一一款完整传承捷豹汽车正统赛道精神的纯种跑车。为了展现出最佳的操控和驾驭性能，它使用了轻量化的铝合金结构、强劲的发动机、后轮驱动设定，以及捷豹汽车几十年的造车技术与工艺；座舱设计则营造出赛车般的战斗气氛，满足了热血车迷对速度的追求。

mǎ shā lā dì
玛莎拉蒂 Quattroporte

国别	意大利	最大功率	530 匹
0~100 千米 / 时加速	4.7 秒	极速	307 千米/时

yì dà lì wén shì sì mén de yì si gù míng
意大利文 Quattroporte 是四门的意思，顾名
sī yì tā shì mǎ shā lā dì qì chē chǎn pǐn zhōng de qí jiàn sì mén
思义，它是玛莎拉蒂汽车产品中的旗舰四门
jiào pǎo chē cǐ chē kuǎn zì nián shàng shì hòu jīng guò hǎo jǐ
轿跑车。此车款自 1963 年上市后，经过好几
dài de yǎn biàn yī rán jù yǒu gāo yǎ wài guān dǐng jí nèi zhuāng yǐ
代的演变，依然具有高雅外观、顶级内装以
jí qiáng jìng de dòng lì zuì xīn shàng shì de chē kuǎn gèng shì xuǎn yòng
及强劲的动力。最新上市的车款更是选用
le yǔ chāo jí pǎo chē zhì zào shāng fǎ lā lì lián hé shè jì de fā dòng
了与超级跑车制造商法拉利联合设计的发动
jī qí wō lún xīn dòng néng jì shù ràng de xìng néng
机，其涡轮新动能技术让 Quattroporte 的性能
biàn de gèng qiáng yě gèng jié néng huán bǎo
变得更强，也更节能、环保。

跑车小知识

玛莎拉蒂的三叉戟标志是公司创业之地博洛尼亚的市徽，蓝色代表汽车拥有极致的性能和高品质，白色则象征品牌纯正典雅的魅力。

mǎ shā lā dì

玛莎拉蒂 GranTurismo

国别	意大利	最大功率	460 匹
0~100 千米 / 时加速	4.7 秒	极速	300 千米/时

mǎ shā lā dì yōng yǒu yì dà lì pǎo chē de chún
玛莎拉蒂 GranTurismo 拥有意大利跑车的纯
zhèng xuè tǒng yǔ kuáng yě bēn fàng de wài guān shè jì jiù hǎo xiàng
正“血统”与狂野奔放的外观设计，就好像
yí jiàn chōng mǎn dòng gǎn de yì shù zuò pǐn tā pèi bèi le tóng jí tuán
一件充满动感的艺术作品。它配备了同集团
fǎ lā lì qì chē de dòng lì xì tǒng bù jǐn xìng néng yōu yì chōng
法拉利汽车的动力系统，不仅性能优异，充
mǎn bào fā xìng de fā dòng jī shēng làng gèng shì ràng chē mí men jī dòng bù
满爆发性的发动机声浪更是让车迷们激动不
yǐ bú guò tā bìng bú shì zhǐ zhuān zhù xìng néng de pǎo chē yuán
已。不过，它并不是只专注性能的跑车，原
chǎng hái tí gōng le bù tóng xuǎn zé de nèi zhuāng yòng liào yǔ yán sè chē
厂还提供了不同选择的内装用料与颜色，车
zhǔ kě yǐ gè xìng huà dā pèi ràng měi liàng chē dōu jí jù dú tè xìng
主可以个性化搭配，让每辆车都极具独特性。

BENTLEY

宾利 Continental GT

国别	英国	最大功率	560 匹
0~100 千米/时加速	4.8 秒	极速	309 千米/时

宾利 Continental GT 双门四人座顶级轿跑车无论内外观都没有太过花俏、夸张的设计。但它在低调高雅的外表下却隐藏了纯手工打造的高级配备，传承了宾利完美无瑕的贵族轿跑车“血统”，以及安装了充满爆发力的发动机。它的发动机虽是入门级的涡轮动力款，却具有足够的实力，如果想追求更强的性能，Continental GT Speed 会是更好的选择。

跑车小知识

宾利的标志结合了公司英文名称第一个字母的大写 B，以及一对象征力量与速度的翅膀，寓意着宾利像雄鹰一样展翅高飞。

BENTLEY

Caparo 卡帕罗 T1

国别	英国	最大功率	575 匹
0~100 千米/时加速	不到 2.5 秒	极速	330 千米/时

卡帕罗 T1 这部轻量化跑车，虽然车重只有 500 千克，但发动机的动力十分强劲，性能足以媲美世界一级方程式赛车。它从静止状态加速至 100 千米/时不到 2.5 秒，加速到 160 千米/时也只要 4.9 秒，就像一辆能开上公路的世界一级方程式赛车。卡帕罗 T1 的设计采用了空气动力学原理，因此开得越快，下压力越强，车身的稳定性也越高。

跑车小知识

卡帕罗公司不仅生产汽车，还经营汽车材料，并提供汽车、赛车和航空业的技术开发和设计服务。公司创始人曾经参与经典超级跑车迈凯伦 F1 的开发。

ARIEL

阿里尔 Atom

国　别	英国	最大功率	500 匹
0~100 千米/时加速	3.7 秒	极　速	260 千米/时

虽然纯手工打造的阿里尔 Atom 小型跑车的发动机功率并不大，但轻巧的车身设计却让它具有超级跑车般的加速性能，尤其是不到 600 千克的车重，让 Atom 开起来灵活且轻盈。为了将重量减到极致，Atom 连车门、车顶以及玻璃都没有，因此，驾驶时必须像摩托车骑士一样戴上安全帽来保证头部安全，同时也避免吃进飞虫与沙子。

跑车小知识

阿里尔公司生产的 Atom 轻型跑车原本只是一位大学生的研究项目，后来获得该公司老板的资助与设计协助，成品在 1996 年正式亮相。

kǎ tè hàn mǔ

卡特汉姆 Seven

国别	英国	最大功率	240 匹
0～100 千米 / 时加速	2.79 秒	极速	218 千米/时

chāo jí qīng liàng huà pǎo chē kǎ tè hàn mǔ zì nián
超级轻量化跑车卡特汉姆 Seven 自 1973 年
shàng shì hòu biàn shòu dào sài chē wán jiā men de xǐ ài tā bù jǐn bǎo
上市后，便受到赛车玩家们的喜爱。它不仅保
liú zhe yuán shǐ de shè jì jí jù fù gǔ qì xī hái bú duàn de tí
留着原始的设计，极具复古气息，还不断地提
shēng cāo kòng xìng néng bìng zēng qiáng fā dòng jī dòng lì chē zhǔ chú le kě
升操控性能并增强发动机动力。车主除了可
yǐ zhí jiē xiàng yuán chǎng gòu mǎi de chéng pǐn wài hái néng gòu
以直接向原厂购买 Seven 的成品外，还能购
mǎi líng jiàn qīn shǒu dǎ zào xiǎo pǎo chē rú guǒ xiǎng zài yǔ zhōng
买零件亲手打造 Seven 小跑车。如果想在雨中
kāi chē chē zhǔ zuì hǎo zài jiā gòu chē dǐng yǔ chē mén cái bú huì biàn
开车，车主最好再加购车顶与车门，才不会变
chéng luò tāng jī
成“落汤鸡”。

跑车小知识

英国卡特汉姆汽车公司专门生产双人座敞篷轻型手工跑车。公司结合丰富的赛车经验和轻量化的材质技术，最终造就卡特汉姆产品的优异性能。

PEUGEOT

biāo zhì

标致 RCZ

国别	法国	最大功率	270 匹
0~100 千米 / 时加速	7.6 秒	极速	212 千米/时

de wài xíng chōng mǎn biāo zhì jiā zú de tè sè bāo kuò
RCZ 的外形充满标致家族的特色，包括
xiū cháng de tóu dēng tè dà de gōng sī biāo zhì liǎng cè lǚ hé jīn
修长的头灯、特大的公司标志、两侧铝合金
mén gǒng shuāng yuán hú zào xíng de chē dǐng hé hòu dǎng fēng bō li shǐ
门拱、双圆弧造型的车顶和后挡风玻璃，使
chéng wéi biāo zhì chē kuǎn zhōng zuì dú tè zuì jù dòng gǎn de chē
RCZ 成为标致车款中最独特、最具动感的车
kuǎn tā de wěi yì kě yǐ gǎn yìng xíng chē sù dù ér zì dòng jìn xíng
款。它的尾翼可以感应行车速度而自动进行
sān duàn shì tiáo zhěng rú cǐ biàn néng yǒu xiào jiàng dī fēng de zǔ lì jí
三段式调整，如此便能有效降低风的阻力及
yóu hào tóng shí wéi chí gāo sù xíng shǐ shí de lù gǎn hé cāo kòng de
油耗，同时维持高速行驶时的路感和操控的
wěn dìng xìng
稳定性。

跑车小知识

标致公司在创立之初以生产自行车为主，品牌标志是一头雄狮，也是公司所在地法国弗南修·昆蒂省的标志，这个标志至今仍在使用。

PEUGEOT

特斯拉 Roadster

国别	美国	最大功率	292 匹
0~100 千米/时加速	2.1 秒	极速	超过 400 千米/时

特斯拉 Roadster 是市面上第一辆使用锂离子电池的电动车，和其他电动车一样不需要更换机油。车辆也没有排气管，火花塞、汽缸活塞、管线和传动链条等零件也不会在发动机盖下出现，所以比一般使用燃料发动机的车更容易维修与保养。特斯拉 Roadster 的续航能力超过 1000 千米，电力不足时，使用 110 伏或 220 伏的插座就可以充电。

跑车小知识

发源于美国硅谷的特斯拉汽车公司，除了设计、生产与销售电动跑车、轿车，还提供包括戴姆勒、丰田等车厂的电动车动力零件。

TESLA MOTORS

TOYOTA

fēng tián
丰田 86

国　别	日本	最大功率	200 匹
0～100 千米/时加速	7.3 秒	极　速	230 千米/时

céng jīng rì běn chàng xiāo màn huà tóu wén zì xiān qǐ
曾经，日本畅销漫画《头文字 D》掀起
le yí zhèn qì chē shuǎi wěi yùn dòng fēng tóng shí yě ràng fēng tián
了一阵汽车甩尾运动风，同时也让丰田 AE86
jīng diǎn shuāng mén pǎo chē fān shēn bào hóng wèi le mǎn zú quán qiú chē
经典双门跑车翻身爆红。为了满足全球车
mí de qī wàng yǔ xū qiú fēng tián yǔ sī bā lǔ qì chē hé zuò
迷的期望与需求，丰田与斯巴鲁汽车合作，
lián shǒu dǎ zào le yì kuǎn chōng mǎn jià shǐ lè qù de rù mén jí pǎo
联手打造了一款充满驾驶乐趣的入门级跑
chē fēng tián zhè kuǎn chē zhòng xīn dī qiě píng wěn chú le
车——丰田 86。这款车重心低且平稳，除了
cāo kòng xìng néng jí jiā jià shǐ shí shuāng shǒu hái néng tōng guò fāng xiàng
操控性能极佳，驾驶时双手还能通过方向
pán tǐ yàn dào qīng xī de lù gǎn
盘体验到清晰的路感。

跑车小知识

丰田是全球著名的汽车公司，生产了无数耐用、经典的车款。三个椭圆标志代表动感、速度与团结，以及象征着为顾客服务的承诺。

TOYOTA

菲亚特 500 Abarth

国别	意大利	最大功率	160 匹
0~100 千米 / 时加速	7.6 秒	极速	208 千米/时

喜爱菲亚特 500 小型轿车的独特外形，但又希望有更强动力和精准操控性能的车主，通常会选择 500 Abarth。500 Abarth 和标准版车款相比，拥有跑车化的外观、悬吊与刹车系统，并在涡轮系统的协助下，发动机功率大幅提升近 60%。即使没有非常傲人的极速，500 Abarth 仍然能够给车主带来很好的驾驶体验。

跑车小知识

菲亚特的标志是以圆形金属框包围盾形，盾形中以红宝石色彩突显“FIAT”英文字样，具有立体视觉效果，展现了它在汽车技术上的优势与强烈个性。

马自达 MX-5

国别	日本	最大功率	184 匹
0~100 千米 / 时加速	8.9 秒	极速	196 千米/时

马自达 MX-5 自 1989 年上市以来，便因拥有经典英国敞篷小跑车的优点和特性，在全球深受好评。轻盈的车身设计加上传统跑车的原始操控性能，以及日本造车工艺的质感和耐用性，让它成为入门敞篷小跑车中优质的选择。现在的马自达 MX-5 车款体形有小幅度的改变，拥有更宽敞的座舱，但仍保留最初车款的设计精髓。

跑车小知识

马自达公司的名字取自创始人松田重次郎的姓氏“松田”的日文发音。从 1997 年开始，它的新椭圆标志中央采用了宛如翅膀的 M 图样。

mazda

互动小课堂

扫一扫 听一听

小朋友们，读完了这本《跑车小百科》，你对各种跑车的知识了解有多少呢？你能认出下面这些汽车品牌吗？仔细看一看下面的图片，说出它们的品牌名吧。

(　　　　)　(　　　　)　(　　　　)

(　　　　)　(　　　　)　(　　　　)

22